Devenir un homme selon le cœur de Dieu

Christian Freddy Bella,

Mission de la Vérité pour une Liberté Réelle
Internationale au Canada

Sauf indication contraire, tous les textes bibliques de ce livre sont tirés de la version Louis Segond de la bible.

L'utilisation du masculin est utilisée dans le seul but d'alléger le texte.

ISBN : 9798376531204

Publiée de façon indépendante.

DÉDICACE ET REMERCIEMENTS

Je dédie premièrement ce livre à mes parents. Papa et maman, vous m'avez éduqué selon les voies du seigneur et avez fait de moi celui que je suis aujourd'hui. Seul Dieu pourra vous le rendre.

À Uriel Bella, mon rayon de soleil, mon épouse chérie, merci pour ton constant soutien et ton sacrifice qui me permettent de travailler pour notre Père céleste malgré nos charges professionnelles et familiales.

À mon père spirituel, l'Apôtre et l'évangéliste Georges Olivier Mbazaboua, merci d'avoir mis dans mon cœur le désir de servir Dieu avec passion et dévouement.

À mes mères et pasteures, Lydie Moughola Leyoubou et Chancelle Mouko Ovey, merci de m'avoir communiqué la foi véritable et de me coacher chaque jour pour mon perfectionnement. Je vous aime très fort.

TABLE DES MATIÈRES

CHAPITRE 1

POURQUOI DEVENIR UN HOMME SELON LE CŒUR DE DIEU ?

Nous connaissons tous l'histoire de David. Cet homme légendaire qui dans sa jeunesse bâtit un guerrier géant nommé Goliath. Cette histoire est si populaire que peu importe vos croyances, vous l'avez déjà entendue au moins une fois. Voici comment l'histoire de ce tueur de géants commence dans la bible :

L'Éternel dit à Samuel: Quand cesseras-tu de pleurer sur Saül ? Je l'ai rejeté, afin qu'il ne règne plus sur Israël. Remplis ta corne d'huile, et va; je t'enverrai chez Isaï, Bethléhémite, car j'ai vu parmi ses fils celui que je désire pour roi.

1 Samuel, 16:1

Dans ce verset, le prophète Samuel est mandaté par Dieu pour oindre (choisir et consacrer) le prochain roi d'Israël, car le roi actuel s'est détourné de lui. Il s'agit de David, fils d'Isaï. Ce qui est particulier avec cette mission confiée au prophète Samuel, c'est que Dieu ne lui donne pas le nom du futur roi directement bien qu'Isaï ait huit garçons. Dieu choisit plutôt d'exprimer ce qu'il ressent pour ce futur roi : du désir! Cela nous laisse croire que ce que Dieu pense de nous est bien plus important que notre nom ou encore notre fonction.

1 - Pour devenir le premier choix de Dieu.

Lorsque le moment est venu de trouver un bon roi pour son peuple, Dieu a pensé en premier à David.
Si vous êtes une personne selon le cœur de Dieu, Dieu pensera à vous en premier lorsqu' il cherchera quelqu'un à élever ou à promouvoir de façon extraordinaire. La sagesse spirituelle nous pousse alors à ne pas courir après la promotion de soi, mais plutôt à courir pour avoir un cœur qui plait à Dieu.
Dieu explique à son prophète la raison pour laquelle il choisit David au détriment de ses sept frères et des autres jeunes garçons de son pays dans le verset suivant :

Et l'Éternel dit à Samuel: Ne prends point garde à son (Eliab) apparence et à la hauteur de sa taille, car je l'ai rejeté. L'Éternel ne considère pas ce que l'homme considère; l'homme regarde à ce qui frappe les yeux, mais l'Éternel regarde au cœur.

1 Samuel, 16:7

Le cœur de David est donc ce que Dieu a regardé pour le choisir au détriment de ses nombreux frères ainés.
Imaginez un instant que vous travaillez dans une compagnie. Un jour, un sondage est fait de façon anonyme pour nommer celui qui travaille le plus parmi tous les employés. Le PDG informe que cette personne sera le prochain directeur. Nous pouvons nous imaginer que certains employés citeront leur propre nom à cause de la récompense et du caractère anonyme de l'exercice. Toutefois, nous pouvons être sûrs qu'un nom reviendra au moins deux fois en lisant les réponses de tous les employés. En effet, tous les employés d'une compagnie connaissent ceux qui travaillent le plus dans une équipe!
Cherchez à devenir un homme selon le cœur de Dieu, c'est

devenir cette personne qui sera bientôt élevée, car elle travaille plus que les autres.

2 - Pour s'assurer du support de Dieu dans toutes ses affaires.

J'ai trouvé David, mon serviteur, je l'ai oint de mon huile sainte. Ma main le soutiendra, et mon bras le fortifiera.

Psaumes, 89 : 21 à 22

Lorsque Dieu s'engage à vous soutenir, rien ne peut vous résister. Vous allez de gloire en gloire et de victoire en victoire! La réussite est votre amie. L'échec et la frustration visitent les autres sauf vous. Dans la bible, on nous parle de plusieurs hommes qui ont marqué leur génération dans une terre pourtant étrangère. Ils y étaient arrivés comme exclaves. Il s'agit de Joseph et de Daniel. Ces hommes ont réussi à se hisser au plus haut niveau de la société grâce à la main de Dieu. Joseph est devenu premier ministre d'Égypte et Daniel, chef du cabinet de conseils de trois présidents distincts. Le plus grand objectif de notre vie doit être d'avoir un cœur qui ressemble le plus à celui de notre Père céleste. Cela aura pour conséquence secondaire de nous faire atteindre le plus haut niveau de la société. La conséquence première étant la joie causée à Dieu.

Cherchez premièrement le royaume et la justice de Dieu; et toutes ces choses vous seront données par-dessus.

Matthieu, 6:33

3 – Pour avoir le meilleur garde du corps pour sa protection.

Si vous êtes un homme selon le cœur de Dieu, Dieu vous protégera contre tous vos ennemis. Vous n'aurez même pas à sourciller ou à faire quoi que ce soit! Vous n'aurez plus à avoir peur des gens qui veulent vous voir perdre la face. Dieu se chargera de les plonger dans la honte et la confusion pendant que vous poursuivez votre ascension. Voyez vous-même ce qu'il dit au sujet de David :

J'ai trouvé David, mon serviteur, je l'ai oint de mon huile sainte. Ma main le soutiendra, et mon bras le fortifiera.
L'ennemi ne le surprendra pas, et le méchant ne l'opprimera point; j'écraserai devant lui ses adversaires, et je frapperai ceux qui le haïssent.

Psaumes, 89:21 à 24

Il y a des choses qui échappent au contrôle de l'homme. Peu importe votre bonne alimentation ou votre pratique régulière du sport, vous ne pouvez garantir votre bonne santé. Vous pouvez avoir une maladie grave qui sort de nulle part comme le cancer ou avoir un accident grave en effectuant une petite course juste près de chez vous. Au moment où j'écris ce texte, la province du Québec est sur le choc, car un monsieur a décidé de façon volontaire de rentrer avec un bus de transport dans une garderie d'enfants. Cet acte barbare a causé la mort de deux enfants de quatre ans et plusieurs blessés. Seul Dieu peut vous protéger contre toutes ces choses.

Sur Benjamin il dit: c'est le bien-aimé de l'Éternel, il habitera en sécurité auprès de lui; L'Éternel le couvrira toujours, et résidera entre ses épaules.

Deutéronome, 33:12

4 - Pour devenir un sujet de joie pour Dieu

Il y a plusieurs personnes dans la bible que j'admire beaucoup. Ce sont des personnes qui ont procuré de la joie à Dieu de façon particulière.

L'exemple de Noé

L'Éternel se repentit d'avoir fait l'homme sur la terre, et il fut affligé en son cœur. Et l'Éternel dit: J'exterminerai de la face de la terre l'homme que j'ai créé, depuis l'homme jusqu'au bétail, aux reptiles, et aux oiseaux du ciel; car je me repens de les avoir faits. MAIS Noé trouva grâce aux yeux de l'Éternel. Voici la postérité de Noé. Noé était un homme juste et intègre dans son temps; Noé marchait avec Dieu.

Genèse, 6: 6 à 9

Lorsque Dieu a décidé de prononcer un jugement sur son peuple devenu trop rebelle, un seul homme a été gracié et a vu sa famille être sauvée grâce à lui. Cet homme avait un cœur intègre et juste comme celui de Dieu, notre père céleste.

L'exemple de Job

L'Éternel dit à Satan: As-tu remarqué mon serviteur Job? Il n'y a personne comme lui sur la terre; c'est un homme intègre et droit, craignant Dieu, et se détournant du mal.

Job, 1:8

Job est un homme qui a rendu Dieu fier si bien que Dieu parlait de lui au ciel à tout moment. Lorsque le diable s'est présenté devant Dieu pour accuser les hommes, Dieu n'a pas hésité à parler de Job. Si je devais reformuler dans mes mots les propos de Dieu au diable je dirais: toi qui m'as renié à cause de la puissance que je t'ai donnée, as-tu vu mon enfant Job !? Il n'est pas du tout comme toi et les autres hommes que tu as réussi à tromper! Il me ressemble et agit comme moi! Je suis si fier de lui. Ah... si tous les hommes pouvaient être comme lui !!

L'exemple de Nathanaël

Jésus, voyant venir à lui Nathanaël, dit de lui: Voici vraiment un israélite, dans lequel il n'y a point de fraude.

Jean, 1:47

Lorsque Jésus a vu venir vers lui Nathanael, il n'a pas été frappé par sa beauté, sa taille ou sa richesse. Jésus a été frappé par son cœur sans fraude. Jésus était tellement heureux de rencontrer un tel homme qu'il n'a pas hésité à parler à haute voix de ses qualités à tout le monde avant même qu'il n'arrive près de lui!

Devenir un homme selon le cœur de Dieu, c'est ajouter son nom à la liste merveilleuse des personnes qui réjouissent le cœur de Dieu.

CHAPITRE 2

POURQUOI S'INSPIRER DE LA VIE DE DAVID ?

Dans la bible, David est le seul homme à avoir reçu le témoignage d'être un homme selon le cœur de Dieu. C'est-à-dire que Dieu s'est reconnu totalement en lui. C'est extraordinaire!

L'Éternel dit à Samuel: Quand cesseras-tu de pleurer sur Saül? Je l'ai rejeté, afin qu'il ne règne plus sur Israël. Remplis ta corne d'huile, et va; je t'enverrai chez Isaï, Bethléhémite, car j'ai vu parmi ses fils celui que je désire pour roi.

1 Samuel, 16:1

Parmi la multitude des hommes, David a su attirer le regard de Dieu.

J'ai trouvé David, mon serviteur, je l'ai oint de mon huile sainte.

Psaumes, 89:21

David a été la réponse à un besoin de Dieu. En effet, Dieu utilise le terme " j'ai trouvé " pour nous montrer que ce n'était pas facile de trouver un homme de son calibre. Il a dû chercher! Cela signifie aussi que Dieu cherche plusieurs hommes selon son cœur, mais n'en trouve pas.

C'est la même pensée qui est traduite dans ce verset:

Beaucoup de gens proclament leur bonté; mais un homme fidèle, qui le trouvera?

Proverbes, 20:6

Quel est le besoin de Dieu? C'est une question que nous ne nous posons presque jamais, car nous croyons à tort que tous les désirs de Dieu sont comblés et peuvent l'être s'il le veut vraiment. Le vrai problème avec ce raisonnement, c'est l'oubli total du libre arbitre donné à l'homme. Dieu, dans son amour, n'a pas voulu faire de l'homme un robot qui lui obéit de force, mais plutôt un allié avec qui il travaille. Dieu doit donc composer avec notre volonté. C'est là où la roue grince. La volonté de l'homme est souvent opposée à celle de Dieu. Par exemple, Dieu voudrait bien qu'on médite la bible jour et nuit selon Josué 1 au verset 8. La majorité des Hommes, au contraire, visitent les réseaux sociaux comme Facebook et Tiktok jour et nuit.

David est le seul homme en qui Dieu avait totalement confiance pour accomplir ses desseins sur la terre. C'est ce qu'il affirme dans le verset suivant :

Puis, l'ayant rejeté, il leur suscita pour roi David, auquel il a rendu ce témoignage: j'ai trouvé David, fils d'Isaï, homme selon mon cœur, *qui accomplira toutes mes volontés.*

Acte 13 : 22

La meilleure manière que nous ayons de devenir un homme selon le cœur de Dieu est donc d'étudier la vie de David, afin de voir quelles sont les qualités, attitudes, actions et réactions que nous pouvons imiter de lui.

Dans les chapitres suivants, nous verrons les traits de personnalité de David, cet homme imparfait, mais extraordinaire, qui a réussi à marquer Dieu au point où celui-ci s'identifie à lui.

CHAPITRE 3

DEVENIR UN HOMME SELON LE CŒUR DE DIEU EN IMITANT LA REPENTANCE SINCÈRE DU ROI DAVID

À la lecture des deux premiers chapitres de ce livre, si vous n'êtes pas familier avec la bible, vous pourriez vous dire que David était un homme parfait qui n'a jamais rien fait de mal. Pourtant, lui aussi, comme chacun de nous, a eu des moments de faiblesse. Il a commis des péchés que beaucoup parmi nous qualifieraient d'impardonnables. Nous suivons les traces d'un homme de la même nature que nous, capable d'accomplir des choses merveilleuses, mais aussi des choses atroces. Nous pouvons donc apprendre à la fois de ses exploits et aussi de ses erreurs.

Pour bien comprendre toute l'histoire, nous devons totalement plonger dans la bible. Je vous encourage à lire le récit suivant que je juge important à retranscrire ici :

Partie 1 : *2 Samuel 11 versets 1 à 27*

« ¹l'année suivante, au temps où les rois se mettaient en campagne, David envoya Joab, avec ses serviteurs et tout Israël, pour détruire les fils d'Ammon et pour assiéger Rabba. Mais David resta à Jérusalem.
²Un soir, David se leva de sa couche; et, comme il se promenait sur le toit de la maison royale, il aperçut de là une femme qui se baignait, et qui était très belle de figure. ³David fit demander qui était cette femme, et on lui dit: n'est-ce pas Bath-Schéba, fille d'Eliam, femme d'Urie, le héthien? ⁴Et David envoya des

gens pour la chercher. Elle vint vers lui, et il coucha avec elle. Après s'être purifiée de sa souillure, elle retourna dans sa maison. ⁵Cette femme devint enceinte, et elle fit dire à David: je suis enceinte.

⁶Alors David expédia cet ordre à Joab: envoie-moi Urie, le héthien. Et Joab envoya Urie à David. ⁷Urie se rendit auprès de David, qui l'interrogea sur l'état de Joab, sur l'état du peuple, et sur l'état de la guerre. ⁸Puis David dit à Urie: descends dans ta maison, et lave tes pieds. Urie sortit de la maison royale, et il fut suivi d'un présent du roi. ⁹Mais Urie se coucha à la porte de la maison royale, avec tous les serviteurs de son maître, et il ne descendit point dans sa maison. ¹⁰On en informa David, et on lui dit: Urie n'est pas descendu dans sa maison. Et David dit à Urie: n'arrives-tu pas de voyage? Pourquoi n'es-tu pas descendu dans ta maison? ¹¹Urie répondit à David: l'arche et Israël et Juda habitent sous des tentes, mon seigneur Joab et les serviteurs de mon seigneur campent en rase campagne, et moi j'entrerais dans ma maison pour manger et boire et pour coucher avec ma femme! Aussi vrai que tu es vivant et que ton âme est vivante, je ne ferai point cela. ¹²David dit à Urie: reste ici encore aujourd'hui, et demain je te renverrai. Et Urie resta à Jérusalem ce jour-là et le lendemain. ¹³David l'invita à manger et à boire en sa présence, et il l'enivra; et le soir, Urie sortit pour se mettre sur sa couche, avec les serviteurs de son maître, mais il ne descendit point dans sa maison.

¹⁴Le lendemain matin, David écrivit une lettre à Joab, et l'envoya par la main d'Urie. ¹⁵Il écrivit dans cette lettre: placez Urie au plus fort du combat, et retirez-vous de lui, afin qu'il soit frappé et qu'il meure. 1⁶Joab, en assiégeant la ville, plaça Urie à l'endroit qu'il savait défendu par de vaillants soldats. ¹⁷Les hommes de la ville firent une sortie et se battirent contre Joab; plusieurs tombèrent parmi le peuple, parmi les serviteurs de David, et Urie, le héthien, fut aussi tué. ¹⁸Joab envoya un messager pour faire rapport à David de tout ce qui s'était passé dans le combat. ¹⁹Il donna cet ordre au messager: quand tu auras achevé de raconter au roi tous les détails du combat, ²⁰peut-être se mettra-t-il en fureur et te dira-t-il: pourquoi vous êtes-vous approchés de la ville pour combattre? Ne savez-vous pas qu'on lance des traits du haut de la muraille? ²¹Qui a tué

Abimélec, fils de Jerubbéscheth? N'est-ce pas une femme qui lança sur lui du haut de la muraille un morceau de meule de moulin, et n'en est-il pas mort à Thébets? Pourquoi vous êtes-vous approchés de la muraille? Alors tu diras: ton serviteur Urie, le héthien, est mort aussi.
²²Le messager partit: et, à son arrivée, il fit rapport à David de tout ce que Joab lui avait ordonné. ²³Le messager dit à David: Ces gens ont eu sur nous l'avantage; ils avaient fait une sortie contre nous dans les champs, et nous les avons repoussés jusqu'à l'entrée de la porte; ²⁴les archers ont tiré du haut de la muraille sur tes serviteurs, et plusieurs des serviteurs du roi ont été tués, et ton serviteur Urie, le héthien, est mort aussi. ²⁵David dit au messager: Voici ce que tu diras à Joab: ne sois point peiné de cette affaire, car l'épée dévore tantôt l'un, tantôt l'autre; attaque vigoureusement la ville, et renverse-la. Et toi, encourage-le!
²⁶La femme d'Urie apprit que son mari était mort, et elle pleura son mari. ²⁷Quand le deuil fut passé, David l'envoya chercher et la recueillit dans sa maison. Elle devint sa femme, et lui enfanta un fils. Ce que David avait fait déplut à l'Éternel. »

En résumé, le roi David commit d'abord un viol sur une femme mariée. Ensuite, l'adultère, car lui-même était marié à plusieurs épouses. Après, David a monté un complot pour dissimuler sa faute, mais cela n'a pas réussi. Finalement, David a commis un meurtre avec préméditation.
David croyait avoir réussi à cacher ses fautes après ce meurtre, mais Dieu les a vus! Je ne peux imaginer la tristesse de Dieu voyant David commettre ces choses atroces.

Nous pouvons tirer plusieurs leçons de la première partie de cette histoire.

1- David aurait pu éviter tous ces péchés s'il était parti en guerre comme cela se faisait par tous les rois à cette époque de l'année.

2 - David aurait pu éviter ces péchés s'il n'avait pas profité de la hauteur de son palais pour regarder dans la cour de ses voisins.

3- David aurait pu éviter ces péchés s'il avait détourné ses regards immédiatement après avoir vu cette belle femme prendre un bain.

4 - David aurait pu éviter ce péché s'il n'avait pas fait venir cette belle femme au palais après avoir appris que c'était la femme de quelqu'un d'autre.

5- Après le viol, David aurait pu éviter le meurtre s'il s'était repenti à temps au lieu de vouloir cacher par la ruse son péché initial.

Nous pouvons allonger la liste des choses que le roi David aurait pu faire pour éviter d'affliger ainsi Dieu. Toutefois, comme David, nous aussi nous prenons de mauvaises décisions et posons des actions qui attristent le Saint-Esprit. Par exemple, David a refusé d'aller en guerre pour se relaxer. C'est la même chose que nous faisons lorsque nous refusons de prier et de méditer sérieusement la bible pour nous livrer à des distractions quelconques. David a observé cette femme se baigner du haut de son palais. Nous aussi, nous profitons d'Internet pour nous mêler de la vie d'autres personnes ou encore pour regarder des choses vaines et parfois impudiques. Au lieu d'arrêter les frais et nous repentir, nous trouvons toutes sortes d'excuses pour rendre légitimes nos actions et nous nous enfonçons encore plus dans les ténèbres.

Cependant, Dieu dans son amour infini ne nous abandonne pas et nous tend toujours une perche pour nous sortir du trou. Oui, aucun trou n'est trop profond pour que Dieu nous y abandonne! Aucune boue n'est trop sale pour que Dieu refuse de nous en débarrasser. C'est ce qu'il a fait pour David en envoyant le prophète Nathan lui parler.

Dans la deuxième partie de cette histoire, nous voyons Nathan confronter David.

Partie 2 : *2 Samuel 12 versets 1 à 14*

« ¹L'Éternel envoya Nathan vers David. Et Nathan vint à lui, et lui dit: il y avait dans une ville deux hommes, l'un riche et l'autre pauvre.
²Le riche avait des brebis et des bœufs en très grand nombre.
³Le pauvre n'avait rien du tout qu'une petite brebis, qu'il avait achetée; il la nourrissait, et elle grandissait chez lui avec ses enfants; elle mangeait de son pain, buvait dans sa coupe, dormait sur son sein, et il la regardait comme sa fille.
⁴Un voyageur arriva chez l'homme riche. Et le riche n'a pas voulu toucher à ses brebis ou à ses bœufs, pour préparer un repas au voyageur qui était venu chez lui; il a pris la brebis du pauvre, et l'a apprêtée pour l'homme qui était venu chez lui.
⁵La colère de David s'enflamma violemment contre cet homme, et il dit à Nathan: L'Éternel est vivant! L'homme qui a fait cela mérite la mort. ⁶Et il rendra quatre brebis, pour avoir commis cette action et pour avoir été sans pitié.
⁷Et Nathan dit à David: tu es cet homme-là! Ainsi parle l'Éternel, le Dieu d'Israël: je t'ai oint pour roi sur Israël, et je t'ai délivré de la main de Saül; ⁸je t'ai mis en possession de la maison de ton maître, j'ai placé dans ton sein les femmes de ton maître, et je t'ai donné la maison d'Israël et de Juda. Et si cela eût été peu, j'y aurais encore ajouté. ⁹Pourquoi donc as-tu méprisé la parole

de l'Éternel, en faisant ce qui est mal à ses yeux? Tu as frappé de l'épée Urie, le héthien; tu as pris sa femme pour en faire ta femme, et lui, tu l'as tué par l'épée des fils d'Ammon. ¹⁰Maintenant, l'épée ne s'éloignera jamais de ta maison, parce que tu m'as méprisé, et parce que tu as pris la femme d'Urie, le héthien, pour en faire ta femme. ¹¹Ainsi parle l'Éternel: voici, je vais faire sortir de ta maison le malheur contre toi, et je vais prendre sous tes yeux tes propres femmes pour les donner à un autre, qui couchera avec elles à la vue de ce soleil. ¹²Car tu as agi en secret; et moi, je ferai cela en présence de tout Israël et à la face du soleil.
¹³David dit à Nathan: j'ai péché contre l'Éternel! Et Nathan dit à David: L'Éternel pardonne ton péché, tu ne mourras point. ¹⁴Mais, parce que tu as fait blasphémer les ennemis de l'Éternel, en commettant cette action, le fils qui t'est né mourra. »

Au lieu de se justifier face aux propos du prophète Nathan, comme l'avait fait le précédent roi Saül face au prophète Samuel juste après sa désobéissance à Dieu, le roi David par contre, reconnut automatiquement ses fautes et prit conscience de son véritable péché: celui commis contre Dieu lui-même!

David dit à Nathan: j'ai péché contre l'Éternel! Et Nathan dit à David: L'Éternel pardonne ton péché, tu ne mourras point.

2 Samuel, 12:13

C'est ça en réalité que Dieu aimerait qu'on fasse! David a fait ce que beaucoup d'hommes ne font pas. Même ceux qui prétendent être chrétiens. David a fait la liaison entre ses mauvaises actions et Dieu. David a compris que lorsque nous péchons, celui à qui nous faisons du tort en premier c'est Dieu. Imaginez-vous ce que ressent un père, lorsqu'il découvre que son fils n'assiste pas à ses cours pour se livrer à l'alcool dans les bars et aux drogues. Bien que cet enfant détruise sa propre vie et son propre corps, tout père aimant son fils et désireux de le voir réussir sera triste et frustré. C'est la même chose pour Dieu! Relisons ce que Dieu dit à David :

Je t'ai mis en possession de la maison de ton maître, j'ai placé dans ton sein les femmes de ton maître, et je t'ai donné la maison d'Israël et de Juda. Et si cela eût été peu, j'y aurais encore ajouté. Pourquoi donc as-tu méprisé la parole de l'Éternel, en faisant ce qui est mal à ses yeux? Tu as frappé de l'épée Urie, le héthien; tu as pris sa femme pour en faire ta femme, et lui, tu l'as tué par l'épée des fils d'Ammon.

2 Samuel, 12:8

Lorsque nous péchons, peu importe le péché, nous méprisons la parole de Dieu. Nous lui montrons que sa volonté et ses sentiments ne représentent rien pour nous.

La première chose à faire lorsqu'on veut devenir un homme selon le cœur de Dieu, c'est comprendre que notre désobéissance blesse Dieu et décider de nous repentir!
La repentance ce n'est pas seulement le regret ou le remords. Les émotions ne sauraient suffire!
La repentance n'est pas le regret ou le remord, car les émotions varient selon les situations qui s'offrent à nous. La repentance c'est identifier un mal qu'on a fait à Dieu et décider de ne plus le refaire. Nous nous repentons tout d'abord au niveau de notre pensée, ensuite avec nos paroles puis enfin avec nos actions. Nous corrigeons nos fautes passées dans la mesure du possible et prenons des dispositions pour ne plus les commettre à nouveau.
David a jeûné et prié pour demander sincèrement pardon à Dieu.

David pria Dieu pour l'enfant, et jeûna; et quand il rentra, il passa la nuit couchée par terre.

2 Samuel, 12:16

Il a même composé un Psaume que nous pouvons utiliser nous aussi dans notre prière de repentance. Il s'agit du Psaume 51. En voici quelques versets :

[1]**Au chef des chantres. Psaume de David. Lorsque Nathan, le prophète, vint à lui, après que David fut allé vers Bath-Schéba. Ô Dieu! aie pitié de moi dans ta bonté; selon ta grande miséricorde, efface mes transgressions;**
[2]**Lave-moi complètement de mon iniquité, et purifie-moi de mon péché.**
[3]**Car je reconnais mes transgressions, et mon péché est constamment devant moi.**
[4]**J'ai péché contre toi seul, et j'ai fait ce qui est mal à tes yeux, en sorte que tu seras juste dans ta sentence, sans reproche dans ton jugement.**
[5]**Voici, je suis né dans l'iniquité, et ma mère m'a conçu dans le péché.**
[6]**Mais tu veux que la vérité soit au fond du cœur: fais donc pénétrer la sagesse au dedans de moi!**
[7]**Purifie-moi avec l'hysope, et je serai pur; lave-moi, et je serai plus blanc que la neige.**

Psaumes 51 : 1 à 7

Peu importe votre situation actuelle, vous pouvez dès aujourd'hui vous repentir et décider de marcher d'une manière digne de Dieu. Décidez de vivre pour réjouir le cœur de Dieu et non pour l'attrister.

N'attristez pas le Saint-Esprit de Dieu, par lequel vous avez été scellés pour le jour de la rédemption.

Éphésiens, 4:30

David s'est vraiment repenti et n'a plus commis de péché semblable jusqu'à la fin de sa vie. Dieu l'atteste dans ce verset:

Car David avait fait ce qui est droit aux yeux de l'Éternel, et il ne s'était détourné d'aucun de ses commandements pendant toute sa vie, excepté dans l'affaire d'Urie, le Héthien.

1 Rois, 15:5

Il existe plusieurs stratégies pour ne pas tomber dans la tentation. Chacun de nous a des faiblesses dans différents domaines. L'ennemi nous attaquera donc dans ces différents domaines. Nous devons alors nous surveiller dans ces domaines et nous assurer de ne pas approcher trop près de la frontière.

Les quatre domaines où le diable attaque beaucoup les chrétiens et surtout les serviteurs de Dieu sont les suivants :

1- **L'orgueil** : Nous pensons que nous sommes meilleurs que les autres à cause de notre foi et de nos sacrifices pour Dieu. Gros piège à éviter!

2- **La recherche de la gloire des hommes** : Nous commençons à rechercher l'admiration et l'acceptation des hommes au détriment de celles provenant de Dieu.

3- **L'amour de l'argent** : Nous nous intéressons plus à

ce que Dieu peut nous apporter comme bien matériel plutôt qu'à l'aimer pour ce qu'il est. Attention!

4- **L'immoralité sexuelle** : le diable et notre propre chair nous plongent dans des désirs immoraux. Pornographie, masturbation, fornication et adultère et toutes les choses semblables. Évitons de faire la même erreur que David ainsi que plusieurs de nos prédécesseurs dans la foi.

La recette ultime pour résister au péché consiste à nourrir notre Esprit chaque jour afin que la chair ne nous contrôle pas. Nous nourrissons notre Esprit chaque jour à travers la prière, la louange et la méditation de la parole. C'est ce que Jésus nous encourage à faire :

41Veillez et priez, afin que vous ne tombiez pas dans la tentation; l'esprit est bien disposé, mais la chair est faible.

Matthieu 26: 41

Si vous voulez vraiment devenir un homme selon le cœur de Dieu et accomplir de grandes choses, vous devez haïr le péché comme Dieu et être convaincu qu'aucune tentation n'est insurmontable.

13Aucune tentation ne vous est survenue qui n'ait été humaine, et Dieu, qui est fidèle, ne permettra pas que vous soyez tentés au-delà de vos forces; mais avec la tentation il préparera aussi le moyen d'en sortir, afin que vous puissiez la supporter.

1 corinthiens 10 : 13

CHAPITRE 4

DEVENIR UN HOMME SELON LE CŒUR DE DIEU EN CONSULTANT DIEU AVANT TOUTE ACTION

Lorsque j'ai décidé de lire la bible par moi-même, pour mieux connaitre Dieu il y a plusieurs années maintenant, j'ai découvert des histoires fabuleuses qui m'ont inculqué des principes spirituels que je m'efforce de pratiquer aujourd'hui encore. C'est le cas de l'histoire de David racontée dans cette portion de la bible.

¹Lorsque David arriva le troisième jour à Tsiklag avec ses gens, les Amalécites avaient fait une invasion dans le midi et à Tsiklag. Ils avaient détruit et brûlé Tsiklag, ²après avoir fait prisonniers les femmes et tous ceux qui s'y trouvaient, petits et grands. Ils n'avaient tué personne, mais ils avaient tout emmené et s'étaient remis en route. ³David et ses gens arrivèrent à la ville, et voici, elle était brûlée; et leurs femmes, leurs fils et leurs filles, étaient emmenés captifs. ⁴Alors David et le peuple qui était avec lui élevèrent la voix et pleurèrent jusqu'à ce qu'ils n'eussent plus la force de pleurer. ⁵Les deux femmes de David avaient été emmenées, Achinoam de Jizreel, et Abigaïl de Carmel, femme de Nabal. ⁶David fut dans une grande angoisse, car le peuple parlait de le lapider, parce que tous avaient de l'amertume dans l'âme, chacun à cause de ses fils et de ses filles. Mais David reprit courage en s'appuyant sur l'Éternel, son Dieu.

⁷Il dit au sacrificateur Abiathar, fils d'Achimélec: apporte-moi donc l'éphod! Abiathar apporta l'éphod à David. ⁸Et David consulta l'Éternel, en disant: Poursuivrai-je cette troupe? l'atteindrai-je? L'Éternel lui répondit: Poursuis, car tu atteindras, et tu délivreras.

1 Samuel 30: 1-8

Nous pouvons comprendre plusieurs choses de cette histoire.

Premièrement, bien que David ait été aimé et choisi par Dieu pour être le prochain roi, sa famille fut enlevée par un peuple ennemi en son absence. Bien que Dieu nous aime, nous pouvons rencontrer des zones de turbulences sérieuses. Nous ne devons jamais, dans ces situations, douter de l'amour de Dieu pour nous. Nous devons plutôt nous rappeler les paroles suivantes du psalmiste :

Le malheur atteint souvent le juste, mais l'Éternel l'en délivre toujours.

Psaumes, 34:20

Deuxièmement, David a pleuré jusqu'à ce qu'il n'ait plus de force pour continuer. Nous n'avons pas besoin de montrer une fausse image de force devant les hommes ou devant Dieu. Dans les diverses épreuves de la vie, nous devons nous approcher de Dieu avec sincérité de cœur. Si nous sommes tristes, pas besoin de faire semblant. Si nous sommes frustrés, pas besoin de faire semblant non plus. Approchons-nous de Dieu avec humilité et respect. Dieu voit notre cœur. Nous ne devons pas parler avec colère ou murmures. Les plaintes et les accusations ne sont que des preuves de mépris pour Dieu. C'est à cause des murmures et des plaintes que le peuple d'Israël est resté 40 ans dans le désert après la sortie d'Égypte. Gardons en tête, la réaction de Dieu face au peuple juif qui s'est plaint à cause des géants qui vivaient à Canaan :

Et l'Éternel dit à Moïse: Jusqu'à quand ce peuple me méprisera-t-il? Jusqu'à quand ne croira-t-il pas en moi, malgré tous les prodiges que j'ai faits au milieu de lui?

Nombres, 14:11

Dieu a considéré leurs murmures, leurs accusations et leurs plaintes comme un mépris et un manque de foi. Peu importe La douleur de l'épreuve, restons confiant envers Dieu qui a le dernier mot.

Il y a deux trônes dans le monde spirituel. Le trône de justice et le trône de grâce. Nous devons privilégier le trône de grâce, car nous ne méritons rien. Nous sommes au temps de la grâce. La grâce c'est la faveur non méritée. C'est aussi la récompense extraordinaire suite à un tout petit effort qui n'en vaut pas la peine. Nous avons accès à Dieu seulement à cause du sacrifice de Jésus Christ. Sans Jésus, nous serions éloignés de Dieu. Nous devons donc garder à l'esprit que c'est une faveur extraordinaire que Dieu nous accorde lorsqu'on lui parle comme à un père.

Approchons-nous donc avec assurance du trône de la grâce afin d'obtenir miséricorde et de trouver grâce, pour être secourus dans nos besoins.

Hébreux, 4:16

Troisièmement, après les pleurs, les gens ont trouvé en David un coupable, car c'était leur chef. Bien que ses deux femmes et ses enfants aient aussi été enlevés, les gens pensaient à le lapider à mort. Incroyable!

Bien des fois, lorsque nous sommes éprouvés, nous

attendons de la compassion et du soutien de nos proches parents et amis. C'est alors que vient la déception, lorsque nous recevons plutôt des accusations. L'homme étant égocentrique et égoïste, il ne pense qu'à son intérêt personnel. Face à cette situation, David a décidé de ne pas regarder à l'homme, mais à Dieu. Il a repris courage en s'appuyant sur Dieu!

David fut dans une grande angoisse, car le peuple parlait de le lapider, parce que tous avaient de l'amertume dans l'âme, chacun à cause de ses fils et de ses filles. Mais David reprit courage en s'appuyant sur l'Éternel, son Dieu.

1 Samuel, 30:6

S'appuyer sur Dieu c'est se rappeler ses promesses envers nous. C'est aussi se rappeler ce qu'il a déjà fait pour nous par le passé. David s'est rappelé comment Dieu l'a délivré du lion et de l'ours lorsqu'il était jeune berger inconnu de tous. Il s'est ensuite rappelé comment Dieu lui a donné la victoire sur Goliath et la victoire dans d'autres batailles difficiles. Il s'est également rappelé la promesse de Dieu de faire de lui le prochain roi. David a été fortifié par ses expériences passées avec Dieu. C'est à cela que Dieu nous appelle. Une vie qui avance de gloire en gloire. C'est-à-dire une vie de témoignages qui conduisent à d'autres témoignages encore plus extraordinaires!

Finalement, David décide de consulter Dieu directement afin de savoir comment réagir. Cette dernière action montre que David avait un cœur particulier, un cœur selon Dieu.

En effet, dans le feu de l'action, bon nombre d'entre nous auraient décidé de poursuivre l'armée ennemie pour obtenir justice. Nous sommes en période de guerre dans l'Ancien Testament, une armée ennemie vient piller un village et emporte les richesses ainsi que les femmes et les enfants puis brûle tout. La colère et le besoin de justice du chef de guerre David auraient pu prendre le contrôle.

Il aurait aussi pu se dire, je suis un oint de l'éternel. J'ai remporté de nombreuses victoires alors assurément Dieu est avec moi. Plus besoin de consulter Dieu d'abord, il me donnera la victoire à coup sûr!

David s'est plutôt dit : la victoire et la justice appartiennent à Dieu. Il les donne à qui il veut. Mieux vaut le consulter avant toute chose et ne pas agir sous les émotions. David n'a pas fait la même erreur que Josué le disciple de Moïse qui a hérité de la mission de conduire le peuple juif à la terre promise. En effet, après une victoire surnaturelle et écrasante contre Jéricho, Josué s'est retrouvé contre Aï un territoire moins vaste et moins puissant. Au lieu de consulter Dieu comme il avait fait la première fois, Josué a plutôt écouté la voix de ses espions et a supposé que Dieu leur donnerait la victoire. Ce fut une erreur qui coûta la vie à certains de ses soldats.

²Josué envoya de Jéricho des hommes vers Aï, qui est près de Beth Aven, à l'orient de Béthel. Il leur dit:
Montez, et explorez le pays. Et ces hommes montèrent, et explorèrent Aï. ³Ils revinrent auprès de Josué, et lui dirent: il est inutile de faire marcher tout le peuple; deux ou trois mille hommes suffiront pour battre Aï; ne donne pas cette fatigue à tout le peuple, car ils sont en petit nombre. ⁴Trois mille hommes environ se mirent en marche, mais ils prirent la fuite devant les gens d'Aï. ⁵Les gens d'Aï leur tuèrent environ trente-six hommes; ils les poursuivirent depuis la porte jusqu'à Schebarim, et les battirent à la descente. Le peuple fut consterné et perdit courage.
Josué, 7 : 2 à 5

Après cette défaite incompréhensible pour lui, Josué fit ce qu'il devait faire depuis le début : consulter l'éternel des armées! Dieu lui révéla alors la source de cette défaite : le péché dissimulé de certaines personnes dans le peuple.

[11]Israël a péché; ils ont transgressé mon alliance que je leur ai prescrite, ils ont pris des choses dévouées par interdit, ils les ont dérobées et ont dissimulé, et ils les ont cachées parmi leurs bagages.

Aussi les enfants d'Israël ne peuvent-ils résister à leurs ennemis; ils tourneront le dos devant leurs ennemis, car ils sont sous l'interdit; je ne serai plus avec vous, si vous ne détruisez pas l'interdit du milieu de vous.

Josué, 7:11,12

Pour devenir un homme selon le cœur de Dieu, vous devez apprendre à maîtriser vos émotions. Vous devez toujours consulter Dieu et agir en fonction de sa réponse. Si vous envisagez une relation sentimentale avec quelqu'un, vous devez consulter Dieu afin qu'il vous révèle les choses cachées par rapport à la vie de cette personne. Une fois les qualités et les défauts exposés, vous pouvez prendre votre décision de façon plus éclairée. SVP, consultez Dieu avant que les sentiments ne soient trop forts! Ne commencez rien sans l'aval de Dieu!

Vous devez agir de la même manière dans tous les domaines de votre vie. Préservez-vous de l'échec, de la frustration, de la perte de temps, d'argent et d'énergie! Le Saint-Esprit nous a été donné pour nous guider et nous orienter. C'est une personne à qui vous devez parler chaque jour.

Je crois que la prière à faire chaque jour est la suivante : **Seigneur que seule ta volonté s'accomplisse dans ma vie!** Si vous avez reçu le don du parler en langues, vous devez aussi l'utiliser chaque jour. En priant en langues, vous donnez l'occasion à Dieu d'agir dans votre intérêt même pour les choses que vous ne suspectez pas. Vous pouvez prier pour la protection de votre famille de façon générale en Français par exemple, mais quand vous priez en langue, l'Esprit de Dieu prend le relais et prie de façon plus spécifique pour empêcher l'accident de voiture qui devait arriver le lendemain à votre cousin X, Cousin auquel vous ne pensiez pas du tout au moment de votre prière! En priant pour la volonté de Dieu, même si vous ne le ressentez pas, les circonstances joueront toujours en votre faveur si vous le faites chaque jour.

Un jour, une amie à moi devait se marier. Elle avait plusieurs fois prié pour que tout se passe bien, mais aussi pour que la volonté de Dieu se fasse. Figurez-vous qu'à seulement quelques jours du mariage, Dieu a mystérieusement mis fin à cette relation afin d'éviter à mon amie une prison de souffrance à vie. Une situation est venue lui montrer les vrais sentiments de son futur époux envers elle et a donc arrêté le processus. Cette situation a causé beaucoup de peine à mon amie. Aujourd'hui, elle est mariée avec un autre et a une famille merveilleuse. Plusieurs personnes malheureusement n'ont pas eu cette grâce et regrettent aujourd'hui leurs décisions du passé.

Vous pouvez consulter Dieu directement par la prière, la méditation de la bible, l'écoute d'enseignement, les entretiens avec vos responsables spirituels et enfin la lecture d'un livre spirituel inspiré de Dieu.

CHAPITRE 5

DEVENIR UN HOMME SELON LE CŒUR DE DIEU EN SACRIFIANT SA VIE AU SERVICE DES AUTRES

David était un homme de la même nature que nous. Un homme avec des objectifs, des besoins et des rêves. Toutefois, il n'hésitait jamais à mettre sa vie en danger pour le bonheur du plus grand nombre. À l'abri des regards, alors qu'il avait pour mandat de veiller sur le troupeau de son père, David déjà manifestait son grand cœur héroïque.

³⁴David dit à Saül: ton serviteur faisait paître les brebis de son père. Et quand un lion ou un ours venait en enlever une du troupeau, ³⁵je courais après lui, je le frappais, et j'arrachais la brebis de sa gueule. S`il se dressait contre moi, je le saisissais par la gorge, je le frappais, et je le tuais.

1 Samuel, 17:34 à 35

Quel récit incroyable! Plusieurs personnes connaissent l'histoire de David contre Goliath. Très peu savent que le courage de David ne s'est pas forgé ce jour-là, mais s'est forgé alors qu'il était seul dans les champs face aux animaux sauvages qui voulaient les moutons de son père comme repas. Là où il aurait pu fuir pour sauver sa vie, il a décidé de combattre. L'ours et le lion sont des animaux sauvages très dangereux. Leur capacité physique naturelle est supérieure de très loin à celle de l'homme. Son père et ses frères auraient compris qu'il prenne la fuite devant ces animaux féroces. Sa mère l'aurait surement serré très fort dans ses bras en apprenant que sa vie avait été en danger, lui le benjamin de la famille. David aurait pu se dire aussi : ma vie est plus importante que celle des moutons. Il vaut mieux que je sauve ma vie. Mais il s'est plutôt dit : si je fuis, qui protégera ces brebis fragiles? Que deviendra le troupeau de mon père? Combien de personnes perdront leur troupeau plus tard à cause de ces animaux? Il a donc décidé d'être l'homme de la situation. Il a accepté volontiers de mettre sa vie en danger pour le bonheur de son troupeau et de sa famille. C'est cette mentalité qui plait tant à Dieu, car lui aussi fonctionne de cette manière. Jésus Christ a dit à ses disciples:

[11]Je suis le bon berger. Le bon berger donne sa vie pour ses brebis.[12]Mais le mercenaire, qui n'est pas le berger, et à qui n'appartiennent pas les brebis, voit venir le loup, abandonne les brebis, et prend la fuite; et le loup les ravit et les disperse. [13]Le mercenaire s'enfuit, parce qu'il est mercenaire, et qu'il ne se met point en peine des brebis. Je suis le bon berger.

Jean, 10:11 à 13

Le jeune Berger David a donc montré par cet acte qu'il pensait comme Dieu. Dieu s'en est réjoui sur son trône et s'est dit à mon humble avis : voici un jeune qui pense comme moi. S'il est prêt à se sacrifier pour les brebis, il le fera surement pour les hommes.

Cette pensée s'est confirmée quelque temps plus tard lorsqu' Israël était en guerre contre les Philistins. Un homme géant et fort du nom de Goliath a lancé un défi à toute l'armée. Pendant 40 jours, aucune personne dans tout Israël n'a eu le courage d'y répondre excepté David quand il arriva sur le champ de bataille alors qu'il n'était même pas soldat.

À la vue de cet homme, tous ceux d'Israël s`enfuirent devant lui et furent saisis d'une grande crainte.

1 Samuel, 17:24

David dit à Saül: que personne ne se décourage à cause de ce Philistin! Ton serviteur ira se battre avec lui.

1 Samuel, 17:32

Encore une fois David n'a pas hésité à mettre sa vie en danger pour sauver sa nation. Toutefois, il est important de comprendre que David le faisait pour Dieu et non pour se faire voir. David comptait sur Dieu pour lui donner la force de réussir. Il ne comptait pas sur ses propres forces. Lorsque le roi Saül a tenté de le décourager, ne voyant en lui qu'un enfant, David lui a répondu ceci :

David dit encore: L'Éternel, qui m`a délivré de la griffe du lion et de la patte de l'ours, me délivrera aussi de la main de ce Philistin. Et Saül dit à David: va, et que l'Éternel soit avec toi!

1 Samuel, 17:37

Lorsque Goliath, à son tour, a voulu intimider et mépriser David, celui-ci a répondu ceci :

David dit au Philistin: tu marches contre moi avec l'épée, la lance et le javelot; et moi, je marche contre toi au nom de l'Éternel des armées, du Dieu de l'armée d'Israël, que tu as insultée.

1 Samuel, 17:45

Le résultat de ce combat est connu de tous et a marqué l'histoire. Le jeune David est aujourd'hui le symbole du faible qui combat et terrasse le fort. Un symbole d'espoir!

Nous pouvons devenir des hommes selon le cœur de Dieu en acceptant de mettre notre vie au service de nos prochains. Ce n'est pas simple et facile. Cela peut nous coûter du temps, de l'argent et de l'énergie, mais en comptant sur Dieu, nous y arriverons pour le bonheur du plus grand nombre.

Si vous êtes père de famille, décidez de vous sacrifier pour votre famille en travaillant dans l'intérêt du plus grand nombre. Vous êtes le responsable de votre maison.

Si vous êtes en couple, sacrifiez-vous pour votre conjointe ou votre conjoint en étant disposé à toujours pardonner. Faites tout pour réveiller le meilleur chez l'autre et travailler pour le rendre heureux.

Si vous êtes employés, sacrifiez-vous pour l'atteinte des objectifs de vos employeurs. Laissez-vous conduire par la sagesse de Dieu.

Aussi, un vrai enfant de Dieu doit se sacrifier en travaillant pour la croissance du royaume de Dieu au sein de son église locale. Faites ces trois choses: Priez pour votre pasteur et la croissance de l'église, évangélisez régulièrement et soutenez financièrement l'œuvre de Dieu. Acceptez d'être celui qui souffre aujourd'hui pour les croyants de demain et vous aurez une place de choix dans le cœur de Dieu.

Car le Fils de l'homme est venu, non pour être servi, mais pour servir et donner sa vie comme la rançon de plusieurs.

Marc, 10:45

L'une des bénédictions que nous avons héritées de l'alliance de Dieu avec Abraham à travers Jésus-Christ est celle d'avoir un grand nom.

²Je ferai de toi une grande nation, et je te bénirai; je rendrai ton nom grand, et tu seras une source de bénédiction.

Genèse 12 : 2

Lorsque vous décidez de vivre pour le bonheur du prochain, vous activez pleinement cette bénédiction. Avoir un grand Nom, c'est avoir un nom qui suscite de l'admiration, du respect et du réconfort. C'est un bel héritage à laisser après votre passage sur terre. C'est ce qui motiva Harriet Tubman à se battre contre l'esclavage. Après avoir réussi à fuir toute seule sa condition d'esclave, cette femme chrétienne a décidé de retourner dans sa ville afin d'aider des centaines de personnes afro-américaines à s'évader. Aujourd'hui, toute l'Amérique la célèbre si bien que la journée du *10 mars* lui est dédiée. Martin Luther King Junior est une autre figure de ce combat contre la ségrégation raciale. Son populaire discours intitulé « *I have a dream* » en français *J'ai un rêve* a motivé l'adoption de plusieurs lois menant à la fin de la ségrégation. Mère Thérèsa, elle, a choisi de lutter contre la pauvreté et l'abandon des personnes en fin de vie. Son mouvement commencé en Inde s'est répandu dans le monde entier si bien qu'elle a même obtenu un prix Nobel de la paix.

Toutes ces figures ont décidé de lutter pour le bonheur de leur semblable malgré les dangers et les faibles moyens de départ. Le but de ce livre est de susciter en vous le désir fort de rejoindre cette liste de gens incroyables. Vous êtes la solution de Dieu à tous les problèmes que vous remarquez!

CHAPITRE 6

DEVENIR UN HOMME SELON LE CŒUR DE DIEU EN CHERCHANT À LUI PLAIRE, PEU IMPORTE CE QUE LES AUTRES PENSENT

David dansait de toute sa force devant l'Éternel, et il était ceint d'un éphod de lin.

2 Samuel, 6:14

[16]**Comme l'arche de l'Éternel entrait dans la cité de David, Mical, fille de Saül, regardait par la fenêtre, et, voyant le roi David sauter et danser devant l'Éternel, elle le méprisa dans son cœur.**

[20]**David s'en retourna pour bénir sa maison, et Mical, fille de Saül, sortit à sa rencontre. Elle dit: quel honneur aujourd'hui pour le roi d'Israël de s'être découvert aux yeux des servantes de ses serviteurs, comme se découvrirait un homme de rien!** [21]**David répondit à Mical: c'est devant l'Éternel, qui m'a choisi de préférence à ton père et à toute sa maison pour m'établir chef sur le peuple de l'Éternel, sur Israël, c'est devant l'Éternel que j'ai dansé.** [22]**Je veux paraître encore plus vil que cela, et m'abaisser à mes propres yeux; néanmoins je serai en honneur auprès des servantes dont tu parles.**

2 Samuel, 6:16, 20 à 22

David était un homme capable de sauter et de danser devant l'Éternel sans complexe. Bien que devenu Roi, il était toujours prompt à s'humilier devant son créateur, celui qui l'a retiré de l'anonymat pour le positionner comme roi. Mical, la fille de Saül, le premier roi d'Israël, étant née princesse, ne pouvait concevoir cela. Elle trouvait dégradant de voir son époux David se comporter comme si c'était un homme de rien. David ne s'est pas laissé intimider par la belle princesse. Il lui a rappelé que c'était Dieu qui avait fait de lui ce qu'il était. C'était Dieu qui lui avait accordé également tout ce qu'il avait.

Pour devenir un homme selon le cœur de Dieu, vous devez chercher à réjouir Dieu, peu importe ce que les hommes pensent. Qu'ils vous comprennent ou pas, qu'ils vous encouragent ou pas, qu'ils vous persécutent ou pas, vous devez garder en tête votre objectif de plaire à Dieu. Réjouir le cœur de Dieu est un but très noble. La majorité des gens vivent pour eux-mêmes. Nombreux sont ceux qui vivent comme si Dieu n'existe pas. Plusieurs chrétiens ne recherchent que les biens de ce monde. Ils veulent juste que Dieu les aide dans leur dessein sans tenir compte de ce que Dieu veut. Lorsque vous décidez de réjouir le cœur de Dieu, peu importe les conséquences, vous faites preuve d'un caractère supérieur. Vous devenez une étoile qui brille dans la nuit sombre aux yeux de Dieu. Il vous accorde aussi les bonnes choses sans effort en conséquence.

Quand l'Éternel approuve les voies d'un homme, il dispose favorablement à son égard même ses ennemis.

Proverbes, 16:7

Cherchons tous à réjouir le cœur de Dieu!
Ne soyez pas de ceux qui ne peuvent pas répondre "Amen" en écoutant un enseignement bénissant à l'église à cause de l'entourage. Ne soyez pas de ceux qui restent assis pendant la louange en train de regarder un spectacle. Soyez acteurs et

non spectateurs! Ne soyez pas de ceux qui ne peuvent affirmer leur foi à cause d'amis ou collègues. J'ai travaillé en tant qu'actuaire dans le plus grand mouvement coopératif financier en Amérique du Nord. Mon rôle était de déterminer les primes automobiles que devaient payer les clients de notre compagnie d'assurance. J'ai eu deux directeurs différents pendant cette période de ma vie. Je n'ai pas hésité à leur prêcher l'évangile malgré leur statut et leur niveau d'éducation. Je n'ai pas non plus eu honte d'affirmer à mes collègues que j'étais chrétien engagé. Lorsqu'ils m'ont demandé pourquoi je ne mangeais pas avec eux les vendredis à midi, je n'ai pas balbutié pour leur dire que je jeûnais chaque vendredi et que ce jeûne me rapprochait de Dieu et me rendait fort spirituellement.

Si vous avez peur des répercussions de votre entourage par rapport à votre foi chrétienne, laissez-moi vous faire part de cette mise en garde de Jésus :

Alors Jésus dit à ses disciples: si quelqu'un veut venir après moi, qu'il renonce à lui-même, qu'il se charge de sa croix, et qu'il me suive.

Matthieu, 16:24

Car celui qui voudra sauver sa vie la perdra, mais celui qui la perdra à cause de moi la trouvera.

Matthieu, 16:25

Le sacrifice fait partie de la marche chrétienne. N'essayez pas de vous en soustraire. Priez que Dieu vous fortifie et laissez-vous guider par sa sagesse.

Si vous êtes un employé ou un homme d'affaires, soyez honnête et intègre. Ne faites pas comme les autres qui se compromettent pour avoir des promotions ou des marchés. Vous n'avez pas besoin d'aider Dieu à vous aider, faites-lui simplement confiance!

Si vous êtes un serviteur de Dieu, je voudrais vous encourager à garder ces paroles de l'Apôtre Paul :

Et maintenant, est-ce la faveur des hommes que je désire, ou celle de Dieu? Est-ce que je cherche à plaire aux hommes? Si je plaisais encore aux hommes, je ne serais pas serviteur de Christ.

Galates, 1:10

Nous ne travaillons pas pour obtenir la sympathie et l'admiration des hommes. Nous travaillons pour le salut et l'affermissement des âmes afin de présenter à Dieu tout homme devenu parfait comme Christ. Que ce but noble reste notre motivation première.

Si vous êtes quelqu'un qui donne beaucoup d'offrandes à l'église, ne vous laissez pas décourager par ceux qui donnent des miettes ou qui estiment que vous vous trompez. Donner à Dieu est une bonne chose. Même s'il s'avère qu'un pasteur particulier vole l'argent de ses fidèles, vous aurez quand même gain de cause, car Dieu qui voit dans le secret votre amour pour lui vous le rendra.

Si vous êtes fréquents à l'église, persévérez dans cette bonne attitude. Le temps donné à Dieu n'est jamais perdu, mais plutôt investi! Ne soyez juste pas motivé par la paresse et la pensée du moindre effort. Cette pensée consiste à beaucoup prier et écouter les enseignements pour ne pas travailler durement. La prière n'annule pas le travail. Dieu aime ceux qui travaillent avec excellence tout en comptant sur sa grâce.

Pour finir, toujours dans le but de réjouir Dieu, vous devez également avoir un temps de qualité avec le seigneur chaque jour. Apprendre à prier et à louer Dieu seul est une qualité très importante. Ne soyez pas de ceux qui prient avec zèle à l'église à gorge déployée devant les hommes, mais qui ne prient jamais seuls chez eux à la maison. Votre intimité avec Dieu est la chose la plus importante que vous devez entretenir. En vérité, l'accomplissement de prodiges au nom du seigneur ne saurait se faire sans intimité avec le seigneur. Notre royaume ne fonctionne pas comme celui de la société. Se rapprocher de Dieu est la seule chose que vous devez vous efforcer de faire chaque jour.

CHAPITRE 7

DEVENIR UN HOMME SELON LE CŒUR DE DIEU EN REFUSANT DE LUI OFFRIR CE QUI NE NOUS COÛTE RIEN

[19]David monta, selon la parole que Gad avait prononcée au nom de l'Éternel. [22]David dit à Ornan: cède-moi l'emplacement de l'aire pour que j'y bâtisse un autel à l'Éternel; cède-le-moi contre sa valeur en argent, afin que la plaie se retire de dessus le peuple. [23]Ornan répondit à David: prends-le, et que mon seigneur le roi fasse ce qui lui semblera bon; vois, je donne les bœufs pour l'holocauste, les chars pour le bois, et le froment pour l'offrande, je donne tout cela. [24,]Mais le roi David dit à Ornan: Non! je veux l'acheter contre sa valeur en argent, car je ne présenterai point à l'Éternel ce qui est à toi, et je n'offrirai point un holocauste qui ne me coûte rien. [25]Et David donna à Ornan six cents sicles d'or pour l'emplacement. [26]David bâtit là un autel à l'Éternel, et il offrit des holocaustes et des sacrifices d'actions de grâces. Il invoqua l'Éternel, et l'Éternel lui répondit par le feu, qui descendit du ciel sur l'autel de l'holocauste.

1 Chroniques, 21:19 à 26

Nous avons pour la plupart déjà entendu l'histoire du prophète Élie qui pria afin que le feu descende. C'était lors de la confrontation avec les prophètes de Baal pour démontrer la puissance du Dieu d'Israël et ramener leur cœur à ce Dieu véritable. Très peu savent qu'un autre homme a fait descendre également du feu directement du ciel. C'était une façon pour Dieu, de montrer son approbation à David et envers son offrande. David a refusé de donner à Dieu ce qui ne lui coûte rien. Dieu en retour a favorablement répondu à ses prières.

Pour devenir un homme selon le cœur de Dieu, vous devez, comme David, donner à Dieu ce que vous avez de meilleur. David aurait pu considérer que les biens d'Ornan étaient une façon pour Dieu de l'aider à faire son offrande. Toutefois, Dieu n'avait pas demandé à Ornan de faire une offrande, mais plutôt à David. Dieu nous demandera toujours de lui offrir ce que nous avons de cher. Dieu a demandé à Abraham de sacrifier le fils qu'il aimait. Abraham a accepté sans sourciller parce que lui-même avait déjà renoncé à sa vie pour Dieu. La première chose que Dieu veut qu'on lui offre c'est notre vie. Si nous refusons de lui donner notre vie, les autres choses ne seront pas acceptées de lui. En effet, Dieu nous agrée d'abord avant d'agréer ce que nous lui donnons comme offrande.

Au bout de quelque temps, Caïn fit à l'Éternel une offrande des fruits de la terre; et Abel, de son côté, en fit une des premiers-nés de son troupeau et de leur graisse. L'Éternel porta un regard favorable sur Abel et sur son offrande; mais il ne porta pas un regard favorable sur Caïn et sur son offrande. Caïn fut très irrité,

et son visage fut abattu. (Genèse, 4 : 3 à 5).

Abel et Caïn furent les deux premières personnes nées sur terre à offrir quelque chose à Dieu. Comme le soulignent ces textes, Dieu a d'abord agréé la personne d'Abel avant d'agréer son offrande. Il a ensuite rejeté Caïn avant de rejeter son offrande. Pour devenir un homme selon le cœur de Dieu, vous devez l'honorer avec vos biens, mais surtout avec votre vie. Votre vie c'est-à-dire votre temps doit appartenir à Dieu. Elle doit être vécue de façon à glorifier Dieu. Vous devez offrir votre temps à Dieu dans la prière, dans la méditation, dans l'évangélisation personnelle et dans les rencontres ecclésiastiques. Vous devez également offrir à Dieu vos offrandes volontaires ainsi que vos prémices et vos dîmes. En offrant à Dieu des miettes, vous le méprisez. Vous devez préparer votre offrande chez vous avant d'aller à l'église. Vous devez décider d'un montant que vous donnez à Dieu pour soutenir son œuvre chaque mois. Ce montant idéalement doit être égal ou supérieur au dixième de tous vos revenus. Il est vrai que ce n'est pas facile vu tous nos défis financiers. Toutefois, en le faisant, nous montrons à Dieu la place importante qu'il a dans nos vies et nous lui témoignons notre gratitude et notre confiance. L'offrande de qualité a trois buts essentiellement. Elle nous permet de sécuriser ce que nous avons afin de ne pas le perdre, de le multiplier et enfin de le perfectionner. Tout ce que nous offrons à Dieu par amour est aussi une semence. Voici deux versets complémentaires que j'aime beaucoup par rapport aux offrandes:

Ceux qui sèment avec larmes moissonneront avec chants d'allégresse.

Psaumes, 126:5

Celui qui marche en pleurant, quand il porte la semence, revient avec allégresse, quand il porte ses gerbes.

Psaumes, 126:6

Il y a quelques années, je commençais un boulot dans le monde de la finance. J'étais très heureux d'avoir cette opportunité. J'ai décidé d'honorer Dieu en donnant mes prémices (Proverbe 3 :9). Les prémices sont les premiers fruits mûrs d'une récolte. Dans l'Ancien Testament, c'était une pratique courante très respectée par les enfants de Dieu. C'est d'ailleurs cette offrande qu'Abel a faite. J'ai donc donné la totalité de mon premier salaire à Dieu. C'était un sacrifice pour moi. C'était la première fois que je faisais un tel don à Dieu. Seulement six mois plus tard, oui, six mois seulement, j'ai eu une promotion dans cette entreprise. Une employée prenait sa retraite et j'ai postulé comptant sur Dieu, puis j'ai été retenu! Il fallait en moyenne deux ans aux employés pour faire ce saut, mais je l'ai fait en six mois par la grâce de Dieu. Ce changement de poste est venu avec une augmentation de salaire annuelle de 10 000$. Deux ans plus tard, j'ai eu un autre poste dans la même compagnie et je touchais maintenant le double du salaire annuel avec lequel j'avais commencé. Je vous assure que doubler son salaire annuel n'est pas une chose courante dans le monde professionnel.

Je crois du plus profond de mon cœur que Dieu est réel et qu'il honore vraiment ceux qui l'honorent.

C'est pourquoi voici ce que dit l'Éternel, le Dieu d'Israël: j'avais déclaré que ta maison et la maison de ton père marcheraient devant moi à perpétuité. Et maintenant, dit l'Éternel, loin de moi! Car j'honorerai celui qui m'honore, mais ceux qui me méprisent seront méprisés.

1 Samuel, 2:30

Que Dieu multiplie vos finances afin de vous rendre riche pour l'avancement de son royaume! Que l'égoïsme, l'égocentrisme et la cupidité ne soient nullement votre partage au nom de Jésus!

CHAPITRE 8

DEVENIR UN HOMME SELON LE CŒUR DE DIEU EN RESPECTANT LES OINTS DE DIEU

³Saül prit trois mille hommes d'élite sur tout Israël, et il alla chercher David et ses gens jusque sur les rochers des boucs sauvages.
⁴Il arriva à des parcs de brebis, qui étaient près du chemin; et là se trouvait une caverne, où il entra pour se couvrir les pieds. David et ses gens étaient au fond de la caverne.
⁵Les gens de David lui dirent: voici le jour où l'Éternel te dit: je livre ton ennemi entre tes mains; traite-le comme bon te semblera. David se leva, et coupa doucement le pan du manteau de Saül.
⁶Après cela le cœur lui battit, parce qu'il avait coupé le pan du manteau de Saül.
⁷Et il dit à ses gens: que l'Éternel me garde de commettre contre mon seigneur, l'oint de l'Éternel, une action telle que de porter ma main sur lui! car il est l'oint de l'Éternel.

1 Samuel, 24:3 à 7

Saül, qui était le premier roi d'Israël, cherchait à éliminer David par jalousie. Le roi d'Israël savait que Dieu avait choisi David pour le remplacer. Il prit donc 3000 de ses meilleurs soldats pour poursuivre le jeune homme. Pour fuir la menace, David se cacha alors dans une grotte. Et Saül ne se doutant de rien entra dans cette même grotte pour se soulager. Alors que les partisans du futur roi le poussaient à se faire justice en profitant de cette occasion unique d'ôter la vie à Saül, David décida de ne pas le faire pour une seule raison : Saül était *l'oint* de l'Éternel!

Oindre signifie revêtir un être humain d'une capacité divine pour accomplir une mission particulière confiée par Dieu. Dans l'histoire du peuple d'Israël, il existe principalement deux types d'onction. L'onction sacerdotale pour devenir prophète ou sacrificateur (messager et serviteur de Dieu) et l'onction royale pour être roi du peuple de Dieu. Un oint de l'Éternel était donc une personne spéciale que Dieu rendait capable d'accomplir des exploits. L'onction sur sa vie lui permettait d'accomplir la mission qui lui avait été confiée avec efficacité.

Parler en mal d'un oint de Dieu, c'est remettre en question le choix de Dieu. C'est se croire plus sage et plus qualifié que Dieu. Tuer un oint est donc quelque chose de très grave et c'est ce que David a compris.

Pour devenir un homme selon le cœur de Dieu, vous devez donc honorer les oints de Dieu, peu importe leurs faiblesses, leur taille, leur âge ou la couleur de leur peau. Vous devez les aimer, les respecter et prier pour eux. Saül était un oint de Dieu. Mais bien qu'il ait été coupable de plusieurs péchés et qu'il ait été tourmenté par de mauvais esprits, ce n'était pas à David de le punir, mais à Dieu qui l'avait oint. C'est un principe mystérieux qu'il faut juste accepter. Si vous connaissez un ministre de Dieu oint, qui aujourd'hui s'est détourné de la foi biblique au point de pratiquer des choses abominables, vous devez garder votre bouche de tous commentaires non respectueux et laissez Dieu les juger lui-même. Il ne s'agit pas d'accepter les mauvaises actions sans broncher, mais juste de ne pas reproduire la même erreur de plusieurs sur les réseaux sociaux. Ils se permettent d'insulter les serviteurs de Dieu sans véritablement les connaitre, ou sans avoir entendu les deux partis. Dieu ne nous appelle pas à être juges des hommes, mais à être des canaux de réconciliation et des vecteurs d'amour. On peut juger qu'un acte posé par un oint de l'Éternel est mauvais selon la parole de Dieu. Dans ce cas-là, on doit prier pour cette personne et ensuite trouver un moyen de lui parler discrètement. Voici la méthode recommandée par notre seigneur Jésus :

[15]**Si ton frère a péché, va et reprends-le entre toi et lui seul. S'il t'écoute, tu as gagné ton frère.**[16]**Mais, s'il ne t'écoute pas, prends avec toi une ou deux personnes, afin que toute l'affaire se règle sur la déclaration de deux ou de trois témoins.**[17]**s'il refuse de les écouter, dis-le à l'Église; et s'il refuse aussi d'écouter l'Église, qu'il soit pour toi comme un païen et un publicain.**

Matthieu, 18:15 à 17

Suivez cette procédure à la lettre si vous voulez vraiment plaire à Dieu. Évitez de critiquer les hommes et les femmes de Dieu. Vous pourriez vous attirer des malédictions inutilement. La bible nous raconte l'histoire d'une femme nommée Marie qui a été frappée de lèpre parce qu'elle avait parlé en mal de Moïse, en compagnie d'Aaron. Elle reprochait à Moïse d'avoir pris pour femme étrangère. Ce qui n'était pas conforme à la loi. Peut-être pensait-elle avoir raison, mais ne pas suivre la procédure de Dieu peut nous faire perdre notre légitimité. Retenons juste que Dieu s'est irrité et qu'elle a fini avec la lèpre.

La nuée se retira de dessus la tente. Et voici, Marie était frappée d'une lèpre, blanche comme la neige. Aaron se tourna vers Marie; et voici, elle avait la lèpre.

Nombres, 12:10

Un autre personnage du nom de Koré estima que Moïse était orgueilleux et se croyait supérieur aux autres. Koré pensait vraiment être sur le bon chemin. Il s'est donc rebellé en pensant agir pour Dieu. La fin de cette histoire nous révèle que la terre s'est ouverte, et que Koré et toute sa famille ont été enterrés vivants. Quelle fin horrible! Toutes les personnes qui avaient embrassé son parti ont également perdu la vie de façon tragique.

La terre ouvrit sa bouche, et les engloutit, eux et leurs maisons, avec tous les gens de Koré et tous leurs biens.

Nombres, 16:32

Un homme selon le cœur de Dieu, c'est quelqu'un qui pense comme Dieu. Même si un oint de l'éternel est source de malheur et de tristesse pour autrui, Dieu est le seul à pouvoir juger et a déjà préparé un jour pour cela. Pour le moment, ce qu'il veut ce n'est pas la mort du méchant, mais sa conversion. Il en est de même pour les autorités établies sur nous. Même si elles sont païennes, Dieu les établit pour une bonne raison. Nous devons nous y soumettre et prier pour elles.

J'exhorte donc, avant toute chose, à faire des prières, des supplications, des requêtes, des actions de grâces, pour tous les hommes, pour les rois et pour tous ceux qui sont élevés en dignité, afin que nous menions une vie paisible et tranquille, en toute piété et honnêteté. Cela est bon et agréable devant Dieu notre Sauveur, qui veut que tous les hommes soient sauvés et parviennent à la connaissance de la vérité.

1 Timothée, 2:1 à 4

Vous devez comprendre que Dieu ne vous demande pas d'accepter les mauvais comportements de ses serviteurs en faisant comme si vous ne voyez rien. Il vous demande simplement de faire votre part et lui fera la sienne.

Condamnez les œuvres et non les hommes.

CHAPITRE 9

DEVENIR UN HOMME SELON LE CŒUR DE DIEU EN AYANT UN CŒUR DÉVOUÉ POUR LA CONSTRUCTION DE LA MAISON DE DIEU

David aimait l'Éternel comme un homme aime sa femme. Il réfléchissait chaque jour à ce qu'il pouvait faire pour réjouir le cœur de Dieu. Même devenu Roi, alors qu'il jouissait de la gloire, de la richesse et qu'il avait tout ce qu'un homme peut espérer avoir sur terre, il n'oublia jamais Dieu et sa maison. Alors que l'arche de l'alliance qui symbolisait la présence de Dieu était dans un temple portatif appelé tabernacle, David eut la merveilleuse idée de construire un temple magnifique pour Dieu. Toutefois, Dieu refusa de laisser David construire ce temple et choisit Salomon pour le faire.

²Le roi David se leva sur ses pieds, et dit: écoutez-moi, mes frères et mon peuple! J'avais l'intention de bâtir une maison de repos pour l'arche de l'alliance de l'Éternel et pour le marchepied de notre Dieu, et je me préparais à bâtir. ³Mais Dieu m`a dit: tu ne bâtiras pas une maison à mon nom, car tu es un homme de guerre et tu as versé du sang.

1 Chroniques, 28: 2 à 3

Face à cette restriction de Dieu, David aurait pu abandonner par frustration ou encore par découragement. Il aurait pu se dire: Dieu a choisi Salomon pour construire le temple alors c'est l'affaire de Salomon. Mais contre toute attente, David décida plutôt de se battre et de participer au maximum à la construction de ce temple, même si ce n'était pas lui le responsable du projet. Il décida de faire tout ce qui était en son pouvoir pour alléger la tâche à son fils. Il engagea tous ses biens et invita tout le peuple à faire de même, comme le démontre le texte biblique suivant :

[1]**Le roi David dit à toute l'assemblée: mon fils Salomon, le seul que Dieu ait choisi, est jeune et d'un âge faible, et l'ouvrage est considérable, car ce palais n'est pas pour un homme, mais il est pour l'Éternel Dieu. [2]J'ai mis toutes mes forces à préparer pour la maison de mon Dieu de l'or pour ce qui doit être d'or, de l'argent pour ce qui doit être d'argent, de l'airain pour ce qui doit être d'airain, du fer pour ce qui doit être de fer, et du bois pour ce qui doit être de bois, des pierres d'onyx et des pierres à enchâsser, des pierres brillantes et de diverses couleurs, toutes sortes de pierres précieuses, et du marbre blanc en quantité. [3]De plus, dans mon attachement pour la maison de mon Dieu, je donne à la maison de mon Dieu l'or et l'argent que je possède en propre, outre tout ce que j'ai préparé pour la maison du sanctuaire: [4]trois mille talents d'or, d'or d'Ophir, et sept mille talents d'argent épuré, pour en revêtir les parois des bâtiments, [5]l'or pour ce qui doit être d'or, et l'argent pour ce qui doit être d'argent, et pour tous les travaux qu'exécuteront les ouvriers. Qui veut encore présenter volontairement aujourd'hui ses offrandes à l'Éternel?**

1 Chroniques, 29:1 à 5

Dans son attachement à Dieu, le roi David mit toutes ses forces pour aider à construire un temple digne du seigneur. Il aida son fils à rassembler tout le matériel nécessaire. Et comme l'enseigne le bishop Dag Heward-Mills du Ghana, le sacrifice impacte toujours et poussent les autres à nous prendre pour modèles. À la suite de David, les différents chefs d'Israël ont fait de même.

Les chefs des maisons paternelles, les chefs des tribus d'Israël, les chefs de milliers et de centaines, et les intendants du roi firent volontairement des offrandes.

1 Chroniques, 29:6

Si vous voulez vraiment devenir un homme selon le cœur de Dieu, vous devez comme David être une personne dévouée à l'expansion de l'église de Dieu. Vous devez comme David utiliser votre force, votre argent et votre énergie pour l'avancement de l'œuvre de Dieu. Quand je parle d'église, je parle à la fois de l'ensemble des chrétiens nés de nouveau, mais également du bâtiment local où les chrétiens se rencontrent. Dieu a choisi Salomon et non David pour construire le temple, mais David s'est quand même donné à fond pour aider son fils. Cela signifie que vous n'avez pas forcément besoin d'avoir un appel pastoral pour donner le meilleur de vous-même. Vous n'avez pas besoin non plus d'un titre ecclésiastique tel que pasteur, prophète, prêtre, docteur, évangéliste, apôtre ou évêque pour contribuer aux projets de l'église. Vous n'avez pas besoin d'être le porteur de vision. Vous n'avez pas besoin d'être sous le feu des projecteurs. Vous devez simplement vous rendre disponible et disposé pour votre église locale. Être un homme selon le cœur de Dieu, c'est chercher à réjouir le cœur de Dieu sans rechercher la gloire qui vient des hommes. La meilleure manière de réjouir Dieu dans cette génération est de travailler pour le salut et l'édification des âmes dans l'église. Rappelez-vous que Jésus a demandé à Pierre de prendre soin de ses brebis en signe d'amour véritable.

Il lui dit pour la troisième fois: Simon, fils de Jonas, m'aimes-tu? Pierre fut attristé de ce qu'il lui avait dit pour la troisième fois: m'aimes-tu? Et il lui répondit: Seigneur, tu sais toutes choses, tu sais que je t'aime. Jésus lui dit: pais mes brebis.

Jean 21 : 17

Je voudrais partager avec vous dix principales choses à savoir sur l'Église en rapport avec Dieu :

1- Jésus-Christ aime l'Église plus que tout.

Maris, aimez vos femmes, comme Christ a aimé l'Église, et s'est livré lui-même pour elle.

Éphésiens 5:25

Nous ne pouvons pas prétendre aimer Jésus notre seigneur sans aimer celle qu'il aime de tout son cœur.

2- L'Église est tellement importante pour Jésus-Christ qu'il s'est sacrifié pour elle.

Maris, aimez vos femmes, comme Christ a aimé l'Église, et s`est livré lui-même pour elle.

Éphésiens, 5:25

3- l'Église est très importante pour Dieu, car c'est la seule institution qui a reçu à 100% le mandat de prêcher l'évangile et de faire de toutes les nations des disciples.

Allez, faites de toutes les nations des disciples, les baptisant au nom du Père, du Fils et du Saint-Esprit, et enseignez-leur à observer tout ce que je vous ai prescrit. Et voici, je suis avec vous tous les jours, jusqu`à la fin du monde.

Matthieu, 28:19 - 20

4- L'Église est très importante pour Dieu, car c'est le corps de Christ, son fils qui ne fait rien sans elle.

Car le mari est le chef de la femme, comme Christ est le chef de l'Église, qui est son corps, et dont il est le Sauveur.

Éphésiens, 5:23

5- L'Église est très importante pour Dieu, car c'est l'épouse de Christ qu'il viendra chercher bientôt.

Réjouissons-nous et soyons dans l'allégresse, et donnons-lui la gloire; car les noces de l'agneau sont venues, et son épouse s`est préparée...

Apocalypse, 19:7

6- L'Église est très importante pour Dieu, car elle conduit les hommes à la repentance afin de produire plus de joie au ciel.

De même, je vous le dis, il y aura plus de joie dans le ciel pour un seul pécheur qui se repent, que pour quatre-vingt-dix-neuf justes qui n'ont pas besoin de repentance.

Luc, 15:7

7- L'Église est très importante pour Dieu, car elle combat le mal tant moral, que spirituel ou doctrinal.

[10]Il y a, en effet, surtout parmi les circoncis, beaucoup de gens rebelles, de vains discoureurs et de séducteurs, [11]auxquels il faut fermer la bouche. Ils bouleversent des familles entières, enseignant pour un gain honteux ce qu'on ne doit pas enseigner

Tite 1: 10-11.

Aussi, dans sa mission d'évangéliser le monde pour en faire des disciples, l'église est la seule à combattre le dieu de ce siècle qui aveugle les hommes.

Pour les incrédules dont le dieu de ce siècle a aveuglé l'intelligence, afin qu'ils ne vissent pas briller la splendeur de l'Évangile de la gloire de Christ, qui est l'image de Dieu.

2 Corinthiens, 4:4

8- L'Église est très importante pour Dieu, car elle soutient la Vérité. C'est la seule structure qui est obligée de dire la vérité, peu importe les conséquences.

Mais afin que tu saches, si je tarde, comment il faut se conduire dans la maison de Dieu, qui est l'Église du Dieu vivant, la colonne et l'appui de la vérité.

1 Timothée, 3:15

9- L'Église est très importante pour Dieu, car elle a le mandat de perfectionner les hommes.

[11]Et il a donné les uns comme apôtres, les autres comme prophètes, les autres comme évangélistes, les autres comme pasteurs et docteurs, [12]pour le perfectionnement des saints en vue de l'œuvre du ministère et de l'édification du corps de Christ,

éphésiens, 4:11 à 12

10- L'église est très importante pour Dieu, si bien que tout sera détruit à la fin du monde sauf elle.

[10]Le jour du Seigneur viendra comme un voleur; en ce jour, les cieux passeront avec fracas, les éléments embrasés se dissoudront, et la terre avec les œuvres qu'elle renferme sera consumée.[11]Puisque donc toutes ces choses doivent se dissoudre, quelles ne doivent pas être la sainteté de votre conduite et votre piété.

2 Pierre, 3 : 10 à 11

Ma prière est que ces dix choses simples vous montrent l'importance d'être engagé dans l'église. Si vous êtes un chrétien né de nouveau, vous devez être membre très engagé d'une église locale. Si vous n'avez pas d'église parce que vous préférez prier seul à la maison, vous n'avez donc pas compris la volonté de Dieu pour vous. Il se peut que les blessures émotionnelles causées par les faux frères et les faux serviteurs de Dieu aient eu raison de vous. Vous devez impérativement chercher la communion avec le Saint-Esprit. Il vous montrera l'église ou l'homme de Dieu auprès de qui vous devez servir. Il y a plusieurs choses que vous pouvez faire de façon pratique pour réjouir le cœur de Dieu dans le cadre de votre service. Voici quelques exemples.

1 - La prière.

Vous devez prier pour la croissance quantitative, qualitative et organique de l'église. Vous devez prier pour le salut des âmes dans votre famille, parmi vos amis et dans votre ville. Vous devez prier pour vos responsables spirituels afin que Dieu les guide et les utilise avec efficacité.

2- L'évangélisation

Vous devez de façon personnelle évangéliser les gens que vous rencontrez. Évangéliser, c'est présenter Jésus à quelqu'un dans le but de l'amener à se convertir. Vous pouvez utiliser la bible et des témoignages vécus ou entendus. Vous pouvez aussi inviter les gens à vos réunions à l'église. Plusieurs grands serviteurs de Dieu se sont convertis de cette façon. Un ami les invite et la parole de Dieu fait le reste! Ne laissez pas la peur du rejet ou la honte vous décourager. Rappelez-vous que l'esprit de timidité ne vient pas de Dieu, mais du diable. L'apôtre Paul a d'ailleurs encouragé son fils spirituel Timothée à ce sujet.

[7]Car ce n'est pas un esprit de timidité que Dieu nous a donné, mais un esprit de force, d'amour et de sagesse.[8]N`aie donc point honte du témoignage à rendre à notre Seigneur ni de moi son prisonnier. Mais souffre avec moi pour l'Évangile.

2 Timothée, 1:7 à 8

3- Avoir un groupe de partage

Vous devez réunir vos amis, vos collègues, vos parents et voisins autour de la parole de Dieu. Une fois par semaine, vous pouvez prier ensemble, partager une exhortation avec eux, suivre un film chrétien, écouter un enseignement audio de la parole ou faire toutes autres activités qui rapprochent de Dieu. N'ayez pas peur, mais laissez-vous guider par l'Esprit de Dieu. Votre groupe doit toutefois être sous la supervision de l'église locale afin d'éviter tout écart doctrinal.

Ils persévéraient dans l'enseignement des apôtres, dans la communion fraternelle, dans la fraction du pain, et dans les prières.

Actes 2 : 42

4- Répondre à un besoin dans votre église locale.

Vous devez approcher vos responsables et leur faire savoir que vous êtes disponible et disposé à servir Dieu dans un comité de l'église. Vous pouvez être chantre, musicien, aux médias, à l'accueil ou encore à l'entretien des locaux. Comblez simplement le besoin présent et faites-le avec joie et excellence.

Tout ce que vous faites, faites-le de bon cœur, comme pour le Seigneur et non pour des hommes,

Colossiens, 3:23

5- Soutenir l'œuvre de Dieu avec vos finances.

Nous avons vu plus haut l'exemple de David qui a soutenu l'œuvre de Dieu avec ses biens et a encouragé les autres à faire de même. Vous devez imiter son exemple. Donnez vos offrandes, répondez aux besoins pressants de l'église selon votre libéralité et Dieu vous en sera reconnaissant. Pour une raison mystérieuse, Dieu veut que ce soit les chrétiens d'aujourd'hui qui financent son œuvre pour gagner les chrétiens de demain. Ne restez pas en marge de cette bénédiction.

Pratiquez ces cinq choses simples et positionnez-vous comme un homme dédié à la cause de l'expansion du royaume de Dieu!

Je suis très heureux de partager ces choses avec vous. Elles résultent de mes méditations personnelles et des enseignements reçus de ma famille spirituelle, la mission de la Vérité pour une Liberté réelle internationale (MVLRI).

Nous avons vu pourquoi et comment nous pouvons nous positionner comme des hommes selon le cœur de Dieu. Ma prière est que vous le deveniez en mettant en pratique les vérités contenues dans ce livre!

Que Dieu vous donne l'intelligence de comprendre et la sagesse d'appliquer!

Si vous savez ces choses, vous êtes heureux, pourvu que vous les pratiquiez.

Jean, 13:17

Que la grâce et la paix de Dieu demeurent dans votre maison. J'ai hâte de recevoir vos témoignages.

À PROPOS DE L'AUTEUR

Christian Freddy Bella est un jeune chrétien passionné de Dieu. Serviteur engagé au sein de la Mission VLR internationale au Canada, c'est sous l'autorité du fondateur l'Apôtre Georges Olivier qu'il reçoit la formation théorique et pratique lui permettant de mûrir en Christ et de servir dans l'église locale. Soucieux de l'affermissement des chrétiens, il crée en décembre 2022 une plateforme gratuite de formation ouverte à tous nommée Classe Oïda disponible via ce lien : www.classeoïda.com. Diplômé de l'université Laval au Québec en Actuariat, il travaille 5 ans dans une grande compagnie financière au Canada avant de se lancer dans les affaires. Il est marié et père de deux enfants magnifiques.

Made in the USA
Middletown, DE
02 March 2023

25729430R00036